JN440626

남겨진 사랑을 위하여

여규용 시집

오늘의문학사

•• 시집을 내며 ••

가슴으로 품었던 자식을 보는 기분이 이럴 것입니다.
나의 가슴에 일렁이던 얼얼한 그리움들을
하나하나 풀어 헤치고
그것들을 여기 작은 시집에 올올이 삼았습니다
추억과 사랑과 그리움들과 아픔들을
부끄럽지만 소중하게 담아 정성껏 엮어냈습니다
영원히 간직하게 될 보석 같은 시집입니다

2011년 12월
매헌 여규용

차례

차례

제2부 나는 마음을 보았습니다

차례

제3부 빈 바랑에 산을 담다

차례

제4부 거미줄에 걸렸다

제1부

기지개를 켜다

세상 바라보기

온기 없는 전봇대 위에
생기를 불어넣는다
굵은 나뭇가지로 얼기설기 기초공사를 하고
촘촘히 이어지는 직선공법으로
둥근 안식처를 만든다
보잘것없는 외관은 투박스럽지만
작은 나뭇가지로 단단하게
마른 풀잎으로 포근하게 꾸민
그들만의 보금자리는
이 세상 그 무엇보다도 행복한
따스함이 넘친다

작은 나뭇가지 사이로 보는 세상은
온통 회색빛 어리석음이다
비웃음과
질시와
모함들이
벌레 먹은 낙엽이 되어 뒹굴고 있다.

기지개를 켜다

새벽
온 힘을 쏟아 어둠을 밀어내고
서서히 밝아 오는 아침
지난밤 수많은 이야기가
영롱한 아침 이슬로 내려앉으면
온몸의 모공이 열리듯
내 기억의 편린들이 날개를 편다

물끄러미 바라보는 창 밖
하얗게 내려앉은 안개 사이로
스치듯 지나가는 바람 한 점은
가슴을 파고드는 사랑이었고
눈을 감으면
살며시 다가오는 발자국 소리
귓전에 스치는 노랫소리는
환청으로 들리는 그리움이었다

빈 하늘 저편
하늘을 헤치며 피어오르는 햇살
또다시 시작하는 하루를

온전히 재로 남아 사라질
아침을 연다.

새재에 넘나드는 바람이 되어

솔숲 바람소리
등줄기에 가볍게 내려앉은 가을
누군가 부르는 듯 뒤돌아보니
귀틀집 봉당 위로 햇살만 가득하다

조령관 오르는 길엔
수많은 사연들 낙엽으로 뒹굴고
옹이진 상처엔 슬픈 사연만 가득하다
수백 리 물길 낙동강 발원지에
맑고 고운 심성으로 흩어진 가을 햇살
묵묵히 고개 숙여 소원을 빈다

새재 옛길을 더듬어 올라
마지막 관문 앞에 서니
바람이 스치듯 내게 전해 주는 말
소나무 아래 묵묵히 맴돌던 묵향이 되어
구름도 잠시 머물던 뜰에
그림자 가득히 옛이야기 풀어 놓는다

억겁의 이끼는 아픔으로 남아

맨몸으로 나를 맞는다
세상은 여전한 기다림 속에
처마 끝에 달린 햇살만 내 마음에 어리고
멀리 높은 하늘 아래 큰 뜻으로 오르던 길
간절한 그리움에 못내 사무쳐

아!
파란 햇살에 베인 아픔이여

담쟁이

깊은 절망 같은 회색빛 담장
그 너머 미지의 세계를 그리워하며
한발 한발 오른다

파란 잎 하나
물기도 없는 담벼락에
작은 희망 가슴에 담고
아주 작은 걸음으로
아주 느리게
절망을 기쁨으로 바꾸기 위해
허리춤 단단히 곧추세우고
회색빛 담장을 푸르게 물들이며
오르고 있다

먼 훗날
담장 너머 세상을 보고는
무슨 생각을 할까

미련

유리창에 매달린 빗방울
하나
짧은 생에 마침표를 찍듯
툭, 손을 놓는다

영롱했던 빛을 잃은 탓이겠다

안개처럼 스멀거리던 기억들
내 안에 담석처럼 굳어져
짧은 아픔만 메아리가 된다.

남겨진
흔적
바라보며 한숨짓는다.

꿈

하늘에 오르고 싶어 산으로 간다

습한 물줄기 바람 한 점은 영롱한 이슬이 되고
토해 놓는 가쁜 숨은 가파른 능선에 바위처럼 뒹굴고 있다
푸른 숲속에 수채화 같은 환상을 본다
시골 구멍가게
촉수 낮은 알전구 아래서
촘촘히 써 내려가던 사연들
계곡에 밀려드는 바람으로 사라지고
알맹이 없는 쭉정이 같은
기억만 매미 소리처럼 맴돈다

언제쯤일까
내가 버린 흔적들이
무지갯빛 꿈으로 피어날
그 날이.

불면

오후 늦게 커피를 마시면 잠을 자지 못한다
아마도 체질 탓인 듯하지만
예민한 성격 때문인지도 모른다

자야지 하는 생각이 불 꺼진 방 천장에 매달려
점점 맑아지는 머릿속을 헤집고 다니고
오래된 벽시계의 초침소리만 먹물 같은 어둠을 흔든다
뒤척이는 밤이 나뭇잎 갉아 먹듯 가고
수많은 생각이 하나 둘 뼈대를 세울 즈음
창밖은 이내 새로운 아침이 기척을 한다

얻은 거 하나도 없이 밤을 새우고 말았다
잊었던 서러움만 하나 가득 도로 찾았다
커피를 마시지 않았는데도 잠을 이루지 못하는 날이 많아졌다
밤새 생각의 뼈대를 올리고 허물다가
불면으로
풀리지 않는 문제를 몸으로 때우고 있다.
언제쯤

소백산 비로봉

눈 쌓인 계곡엔 침묵이 가득 붐빈다
어의곡 들머리엔
뽀드득거리는 아침의 비명으로 가득하다
하얀 입김은 알알이 영근 고통이 되어
털모자 채양 끝에 고드름으로 열리고
마지 못해 눈물 한 방울 달고 부서지는 아픔을 겪는다
길고 긴 침묵의 시간
아픔도 잊은 퇴적물들이 산등성이 햇살 속으로
곁눈질하며 물러서는 시간이다

빈손으로 동행하던 바람
갈수록 심술궂은 망아지가 된다.
맨몸으로 맞선 벌거벗은 나무들
능선의 햇살은 사치일 뿐이다.

비로봉 능선의 칼바람
소리도, 춥기도 시집살이 같은 매서움이다
얼어버린 볼, 손끝에서 사라진 감각은
머릿속에서 울부짖는 아우성으로 남았다
무엇이 그리도 서러워 이리도 슬프게 울부짖는가

떨쳐 버리기엔 너무나 큰
나는 어디에 있는가
죽음의 끈을 잡았다가 놓아 버린 허전함인가
비로봉 정상엔 지금도 갈 곳 잃은 바람이
목놓아 운다.

12월

앙상한 나뭇가지는 실어증 걸린 노인처럼
까칠한 몸으로
오후 햇살을 짊어지고 있다
물기 없는 손등을 어루만져 본다
주름으로 내려앉은 삶의 나이테
따스함은 어디로 갔는지 찾아도 없다

처마끝에 달린 촉수 낮은 전등을 끄면
어둠이 달려와 너울춤을 춘다
어둠과 나는 하나가 된다.
눈을 감았다

사막을 달려 건너온 바람 속에
행여 있을지 모르는 그리움
겨울밤 하늘에 반짝이는 별
너는 이미 별이 되었는지 모르겠다
다시는 돌아오지 않을

불씨

흙벽돌 얼기설기 쌓아올린
시골집
겨울바람은 참 매섭다

강물 위를 스쳐 지나는 바람은 흔적도 남기지 않고
마당에 서성이는 달빛은 발자국도 남기지 않는데
내 맘 깊숙한 곳에 남겨진 사랑은
식어버린 재 속에 남겨진 불씨가 되어
창가에 슬프게 매달린 물방울이 된다

작은 충격에도 자지러들 듯 놀라버릴
수많은 모공이 열리고
잊었던 기억이 스멀스멀 기어나오면
호롱불 희미한 밝음에
또 한 번
사랑의 불씨가 인다.

중산리 밤 하늘

산길을 걷다가
언덕 위에 들국화 한 묶음 꺾어들고
코끝으로 전해 오는 향기에 문득 하늘을 본다
여전히 변함없는 파란색의 가을 하늘
내 머리 위로 쏟아져 내린다

깜깜한 중산리 밤
별들은 촘촘히 다가와 어릴 적 추억을 들려주고
계곡 물소리는 어둔 추억을 흔들어 깨운다
아침이면 찬 이슬 햇살 받아 반짝일 나뭇잎
그들도 긴긴 꿈속으로 나른한 몸 누이는데
희미한 가로등 불빛 아래
고개 숙인 추억만 밤을 새우고 있다

고요 속에 중산리의 밤은 깊어만 간다
햇살 속에 기지개를 켤 아침이 그립다

더운 날 오후

창밖으로 여름 소나기가 줄기차게 내린다
좀체 그칠 것 같지 않은 빗줄기
흐물흐물 힘 빠진 대지가 용틀임을 한다
단단하던 언덕이 한순간에 무너져 내린다
남루하게 초라한 모습이다

지치지 않고 울어대는 매미 소리
사연이 많은 여인의 절규인 양
점점 더 날카로운 소리로 변질되어 가고
한낮의 무더위 탓인가
소나기 내린 뒤에 피어오르는 안개는
지친 일상에 비릿한 역겨움만 남긴다

여름산을 오르며

바람도 없는 산등성이
함께 하는 것은 뜨거운 태양의 어루만짐 뿐
사이사이 어른거리는 푸른 그림자를 따라
무심으로 걷는 여름산행
쉼 없이 흘러내리는 땀 줄기
짜디짠 아픔이 하얗게 앙금진다

올려다보면 까마득한 먼 길
내려다보면 툭 터진 아득함
점으로 남겨진 내 서러움
포기하고픈 화려하지 못한 생을
또 하나의 붓으로
남은 그림에 색칠을 한다.

장마비

어둠을 한 입 베어 문 달이
대낮에 거리를 방황한다
장맛비라는 이름으로 불리기를 오랜 날
부풀어 버린 빵조각처럼
축 늘어진 어깨가 볼품없다

느닷없이 몽치를 가격당한 느낌
숨이 턱 막혀 힘 풀린 다리로 버틸 수 없음에
온몸을 진창에 던진 채로 허우적거린다
슬픈 매미 소리는 하늘로 달아오르고
누워 있는 내 얼굴 주위로
낯선 얼굴들이 하나둘 점점 가까이 다가든다
질끈 감은 눈
달아오른 얼굴 위로 떨어지는
한여름 장맛비

함백산 설경

두문동재에서 은대봉 오르는 길엔
온통 하얀 눈길이다
묵묵히 지나온 삶의 흔적들이
한낮의 봄 같은 햇살에 오솔길 같은 눈길로
제 몸을 내어주고
차가운 겨울바람은 눈부신 설경에 혼을 빼앗긴 듯하다

묵묵히 걷는 발길엔 이미 봄이 되어 버린
한낮의 열기가 후끈거린다
어디쯤일까
내가 너를 알고 가슴에 사무치게 그리워하던 날
하늘 가까운 곳에 뿌리를 내리고
살아 천 년 죽어 천 년
고귀한 사랑을 몸으로 보여준 그 끈질긴 인내는
휘몰아치는 바람을 온몸으로 받아내고 있다
지난 세월이 얼마나 외롭고 슬펐을까
거뭇거뭇 검버섯 피어버린 껍질
쩍 쩍 갈라진 살갗 속으로 번지는 소리없는 아픔은
바로 내 삶일 게다

눈이 부시다
온통 이어진 하얀 세상
파란 하늘과 경계진 그곳까지 날아오르고 싶다
어루만지는 봄 햇살에 질척하게 녹아내리는 계곡에
아픈 상처를 대신한 봄꽃들이 피어날 것이다

노을진 바닷가에서

노을진 바닷가에서
연기도 없이 재가 되어 버린 삶을 만난다
빛 기둥을 타고 내려온 노을에 촛불처럼 사위어 가는 바다
점점이 떠 있는 작은 섬들은
이내 아련한 눈빛으로 머물러
금빛 그리움을 불같이 토해 놓으며
오늘도 바다는 하루를 온전히 사른다

썰물 진 갯벌에 남은 파도의 자국은
아득한 삶의 행로가 아닐는지
그 첩첩함이 무거운 내 삶을 닮았다
대상을 알 수 없는 그리움은 밀물처럼 다가오고
먼바다는 금빛 노을에 빠져 허우적거린다

억겁의 세월을 파도에 떠밀리면서도
흔들리지 않는 외로움
그 위로 하루를 마치는 햇살이
조금의 머뭇거림도 없이 모든 것을 던질 때
불완전 연소한 나의 삶에도 그것이 축복처럼 느껴진다
한 평도 안 되는 땅끝에 서서

던져진 듯 살아온 하루하루가
버려진 것이 아니라는 것을 느낀다

*2010년 1월 18일 해남 땅끝마을을 다녀와서.
(해남 달마산 → 미황사 → 땅끝마을)

겨울바람 봄을 잉태하다

늦은 겨울은 따스한 봄을 잉태하였는지
한낮에 햇살은 눈부시기만 하다
거칠 것 없이 불어대던 바람도
무서리 하얗게 내린 산골짜기 꽁꽁 언 다랭이 논도
한낮에 보이는 빛깔이 눈부시다
아마 봄을 잉태한 것일 게다

기대가 설렘으로
눈망울 굴리며 밤잠을 설칠 때
가슴에 품은 따스함이
서서히 녹아드는 빨대 사탕처럼
혀끝에서 맴돌던 그리움이 가슴으로 느껴질 때쯤
내 가슴엔 나도 모르는 사이 봄을 잉태시켜 놓고
겨울은 잰걸음으로 멀어지고 있다

겨울밤 달빛

겨울밤의 달은
만지면 시린 느낌이 뼛속까지 느껴질 정도로
유난히 차게 느껴진다

종종걸음 집으로 향하던 나는
달빛에 멍든 가슴을
옷깃을 여미듯 꼭꼭 싸매고
아스팔트에 드리운 칙칙한 겨울코트 같은
길고 긴 밤을 어찌할 줄 몰라
치대다가 만 밀가루 반죽 같은
하루의 시간을 낡은 수첩 속에 갈무리한다

아랫목
이부자리 밑으로 밀어 넣던 차가운 손에
따스하게 전해오는 아픔
꽁꽁 얼었던 내 마음이 녹아내리는 흔적이다
겨울밤의 달은 유난히 차다

우보牛步로 가는 가을

비상飛上하는 나뭇잎
아침 햇살에 고개 드는 계곡엔
겨울이 오롯이 내려앉았다
겨울이지만 가을 햇살을 머금은 산은
처음으로 제 어미를 알아보고 방실 방실 웃는
아기의 눈동자를 닮았다
그 눈동자
시작과 끝이 없는 시간 속에서
화석이 될 것이다

불멸의 몸짓을 따라 걷는다
가을과 겨울의 경계가 허물어진 지금
구멍 숭숭 뚫린 돌담 아래
몸뚱이 잘려나가고 뿌리만 남은 그루터기 하나
영원한 자연을 잊지 못하는 듯하고
앙상한 감나무 가지엔
까치가 아침 햇살을 쪼아 먹고 있다

겨울인데 가을인 듯한
가을인데 겨울인 듯한

잊은 줄 알았는데 문득문득 생각나는
수시로 이적행위를 일삼는 내 마음은
가냘픈 철새의 날개가 감당해 내기에는 턱없이 부족하다
우보牛步로 가는 가을에
그 의문부호를 던져 본다

감나무 연정

초여름 강풍에 감꽃이
우수수 한꺼번에 떨어지더니

가을엔 감잎이
먼저 떨어져
앙상한 가지에
주렁주렁 빨간 감만 남았다

일순간에
미련을 버리는 일이
무척이나 어렵고 힘든 일
그러나 감나무는
일찌감치 그 어려움을 깨닫고
버리는 일에 익숙하다

덩그러니
남겨진 감들이 곱다.

제2부

나는 마음을 보았습니다

내 맘속에 당신은

내 마음속의 당신은
나에게는 꿈이었습니다.
나에게는 희망이었습니다.

내 마음속의 당신은

언제나 변함없는 사랑이었습니다.
언제나 잔잔한 그리움이었습니다.

봄날의 화사한 꽃들도
가을날의 예쁜 꽃들도

나에게는 아름다운 추억이었습니다.

내 마음속의 당신은
하얗게 핀 메밀꽃처럼
고향냄새 물씬 나는 추억이었습니다.

내 마음속의 당신은
진정 사랑이었나 봅니다.

그러지 못했습니다

하얀 포말이 부서지는
겨울 바다
올겨울 무척이나 그리워했습니다.

차가운 바닷바람에 온몸을 맡기고
모래 언덕에 누워
밤하늘을 보고 싶었습니다.

점점이 박혀있는 밤하늘 별을 보며
당신과 마음으로 이야기하고 싶었습니다.

멀리로 반짝이는 등대불빛에
헤메이는 내 마음을 맡기고 싶었습니다.
그 불빛을 이정표 삼아
당신의 사랑을 느끼고 싶었습니다.

그러나 그러지 못했습니다
내 마음이 더 아플까봐 그러지 못했습니다.

갈매기 노래 소리를 듣고 싶었고,

소라가 이야기 하는 것을
듣고 싶었습니다.

가물거리는 뱃고동소리가
내 마음을 두드리면
무언가 쫓기듯 살아온 삶이
허무하게 느껴질 것 같아 그러지 못했습니다.

따스한 봄볕에
새롭게 꿈틀거리는 그 마음이
아픔이 아니었음 좋겠습니다.

나는 마음을 보았습니다

나는
마음이라는 것을 보았습니다.

그리울 때 싸하게 밀려오는
울렁이는 마음을 보았고

두 손 마주잡고 사랑할 때 두 눈에
핑 도는 마음을 보았습니다.

노란 산수유꽃 활짝 핀 뒤뜰에 산까치 소리 들으면
사랑하는 내 님이 올 것만 같아
나도 모르게 꼭쥔 손에 잔잔히 고이는
따뜻한 마음을 보았습니다.

그 마음의 빛깔은 무지개 빛이었습니다.
표현할 수 없을 만큼 아름다운
빛깔이었습니다.

나는 마음을 보았습니다.
내가 당신을 사랑하는 마음을 보았고

당신이 나를 사랑하는 마음을 보았습니다.

영원히 변치 않을 아름다운 마음을
당신과 나는 가지고 있었습니다.

내가 사랑하는 이에게

내가 사랑하는 이에게
가끔은 표현을 해야겠습니다.

이제는 삶에 지쳐
조금은 시들해 버렸지만
사랑한다는 표현을 해야겠습니다.

당연하게 생각하고
특별한 의미를 부여하지 않았어도
그냥 그러려니 하고 살아온 세월이었습니다.

그 곱던 얼굴이 작은 잔주름이
거미줄 같은 모습에
내 마음은 또 아파옵니다.

사랑은 저 깊은 곳에 감추어 두고
습관적으로 살아온 세월이
참으로 미안했습니다.
이제는 그 마음을 알게 해 주고 싶습니다.

저 만치 와 있는 봄을 맞이하듯이
두 팔 벌려 꼬옥 보듬어 주고 싶습니다

나는 또 사랑을 시작합니다.
새 봄처럼 따사롭고
아지랑이 피듯 고운 사랑을
또다시 노래하겠습니다.

내가 사랑하는 이에게
사랑하는 내 마음을 보여 주겠습니다.

마음속 여행

가끔 여행을 합니다
짧은 여행이지요

하늘을 보고
숲을 보고
그 속에서 삶의 냄새를 맛습니다

풀 한포기
나무 한그루
그들이 하는 이야기를
귀 기울여 듣습니다.

서로를 위하여 들려주는
사랑의 노래를 듣습니다

비록 살아가는 길이 달라도
꽃을 피우고 사랑을 열매 맺는
그 진실함이 더없이 좋습니다.

오늘도 그런 맘으로 하루가 시작됩니다.

봄꽃을 노래하고
그 아름다움을 기뻐하듯이
그런 날이었음 좋겠습니다.

엄마 내 맘속에 사랑

'엄마가 섬그늘에~~~'

내가 즐겨 부르던 동요입니다.
그 속에 있는 가사가 내 마음을
잔잔하게 하거든요.

슬픈 마음을 가득 안고서
나는 엄마가 그리웠습니다.
그 따스한 품이 한없이 그리웠습니다.

지금도 시골 장터에서
엄마의 채취를 느낍니다.
텁텁하면서도 포근한 냄새지요.

멀리로 지나가는 기차에 몸을 싣고
떠나고 싶습니다.
내가 그리는 엄마의 사랑을 찾아서
가고 싶습니다.

진달래 곱게 피면

그 꽃과 함께 내가 그리는 엄마가
오실 것만 같습니다.

내 맘은 항상 슬픔을 머금고 있습니다.
건드리기만 하여도
어쩔 줄 모르는 아픔이 있습니다.

'팔베고 스르르르 잠이 듭니다…'

이제 잠이 들고 싶습니다.
포근한 잠을 죽은 듯이 자고 싶습니다.

구름 속 노을

아지랑이 몽실몽실 피어오르는
들길을 오랜만에 걸어 보았습니다.
아무런 생각 없이 휘적휘적

빨간 노을이 보고 싶었지만
흐릿한 날씨 속으로 숨어 버린 노을은
없었습니다.

호수 위에 잔잔히 떠 있는
물 오리 떼들이 까만 점이 되어
어둠을 수놓고 있었습니다.

이제 저 물새들도 어디론가
새로운 보금자리를 찾아 가겠지요.

뺨에 스치는 바람이 마음속까지 시원하게 합니다.
멀리로 보이는 작은 불빛에
내 마음을 의지해 봅니다.

어둠이 막 뒤쫓아온 지금

먼 하늘 바라보며 한숨짓고 있습니다.

바닷가 긴 뚝방길에 서서
내일을 바라봅니다.
깊게 침잠해 들어가는 나를 자꾸 일으켜 세워 봅니다.

사랑을 하면

사랑을 하면 그런가 봅니다.
눈에 보이는 모든 것이 아름답게 보이지요.

바람도 좋구
구름도 좋구
눈에 보이고 귀에 들리는 모든 것이
기쁨으로 어쩔 줄 모르게 합니다.

작은 풀 한 포기
이름 모를 들꽃 한 송이라도
귀중한 아름다운 사랑을 안고 살고 있습니다.

작은 언덕에 따사로운 햇살을 덮고 누워
하늘을 보면
저 멀리 구름 사이로 반짝이는 사랑을 봅니다.

잡힐 듯이 가까이 오다가도
두 팔 벌려 포옹할라치면
어느새 저만치 비켜 서 있지만
그래서 알싸한 그리움이 더욱 사무칩니다.

포근한 봄바람 부는 오늘
느지막히 내리는 봄눈을 바라보면서
그 흩날리는 자유스러움에
부러운 눈길을 보냅니다.

사랑을 하면
그렇게 바보스러워지는가 봅니다.

사랑이 있습니다

아직도 가슴 가득히
하고 싶은 이야기가 많습니다.

터질 듯이 부풀은 꽃망울을 보면
내 마음도 어느덧 싸하게 아파오곤 하지요.
양지바른 뒷동산에 벚꽃이 필 듯 말 듯 합니다.

아마도 내일쯤이면 살짝이 입을 여는
녀석들이 있을지 몰라요.
아름다움을 노래하고 행복을 그리워하겠지요.
꿈속에 사랑을 노래하듯이
봄날을 맞이합니다.
아직도 가슴속에는 그리운 이름이 있습니다.

못다 한 사랑노래를 같이 부르고픈
내 사랑이 있습니다.

이렇게 마음속에 옛사랑을 그리다 보면
어느새 그 시절로 돌아가 있곤 합니다.
저 하늘 아름다운 별들처럼

나 그 사람 그립습니다.

아직도 못다한 사랑 노래가 있습니다.
이 봄날에 같이 부를
사랑 노래가 있습니다.

토담 아래 곱게 핀 제비꽃 바라다보며
속삭이듯이 주고받을
그리운 사랑이 있습니다.

사랑이라는 것은

사람이 살면서 느끼는 감정이
참으로 변화가 많음을 보았습니다.

때로는 사랑이라는 감정이
나를 더할 수 없는 외로움에
하얗게 밤을 지새우게도 하구요

때로는 사랑이라는 감정이
한없는 원망으로 다가와서
나로 하여금 증오에 눈물 흘리게도 하구요

때로는 사랑이라는 감정이
마냥 소년처럼 들뜨게 하여
한없는 행복감에 어찌할 줄 모르게 하기도 하구요.

사랑이라는 소중한 마음이
아픈 상처가 되지 않게 보듬어 주어야
할 것입니다.

봄꽃들을 보며 그 화사함에

기뻐했던 마음도
지는 꽃잎을 보며 슬퍼하지 않도록
잘 다스려야 하겠습니다.

이제 봄을 보내야 하는 아쉬움에
마음의 준비도 해야 합니다.

언제나 기쁜 마음이기를 바라는
작은 희망입니다.

할미꽃

양지바른 무덤가에 핀
뽀얀 솜털의 할미꽃

그 부드러움이 마치
할머니의 마음 같아
만지고 또 만지고

아침 이슬 머금고 고개 숙인
그 모습이
멀리 떠난 자식을 그리워하듯이
눈물 머금은 모습에
가슴이 아프다

뒷동산 작은 언덕에
뽀얀 그리움으로 피어난
다소곳한 할미꽃

그 포근한 품이 그리워
할미를 부른다

가는 봄이 아쉬워
고개 숙이고 섰다
은빛털 반짝이며 눈물 흘리고 섰다

꿈에라도 그리는 님이
해지기 전에 올까봐
그 빨간 꽃잎을 감추고 있다

사부곡

오래전에
눈물로 보내던 시절이 있었습니다.

말없이 하늘을 바라보며
말없이 동구 밖에 앉아
나 스스로를 미워할 때가 있었습니다.

그때 내 마음에 맺힌 그리움은
너무나도 커다란 그림자였습니다.
어디를 가도 따라다니는
무엇을 해도 지워지지 않는 사랑이었습니다.

비오는 들길을 텀벙거리며 걷기도 하였고
축축한 돌담 밑에 쪼그리고 앉아
알 수 없는 그림을 그리기도 했었고

흐릿한 하늘을 바라다 봅니다.
그 위에 덮여진 당신의 그 모습이
또다시 나를 힘들게 합니다.

아무 말 없이 작은 미소로 바라보는 그 얼굴에
나는 또 지난날을 되새김질해야 합니다.

그렇게 왔다가 일찍 가실 것을
이렇게 남겨진 나를 힘들게 하시는지요.
힘없이 떨어지는 장미꽃잎처럼
떨어진 자리마다 나는 사랑을 심고 있답니다.

다음에 올 아름다운 사랑을 위하여

심心

뜨끈한 것이
밀려와

코끝에 고드름 마냥
매달려

알 수 없는
그리움만 남기고

하늘
저편으로
달음박질 한다.

꿈이었구나.

무당벌레

가만히 세상을 본다.
느낌으로

질펀한 세상의 숨소리를
고독으로 토해 놓는다.

단단한 날개 속에 속마음 감추고
꼼지락 꼼지락
세상을 본다.

어디쯤 있을까?
내 쉴 곳은

아직도 어설픈 몸짓으로
사랑을 노래하는

난!
아홉 점박이 무당벌레

남겨진 사랑을 위하여

아침 일찍
밤새 내 집앞을 다녀간
낙엽을 보았습니다.

나에게 하고픈 말이 있어 왔다가
불 꺼진 창을 보고는
뜰 앞에 누워 밤을 보냈나 봅니다.

부스럭거리는 몸짓으로
아침인사를 하는군요.

양지바른 곳으로 쓸어모아
다 하지 못한 이야기를 주고받습니다.

아직도 하고픈 일들이 많은데
아직도 하지못한 사랑이 많은데
그 많은 사랑을 가슴에 안고
가야만 하는 슬픔을 이야기합니다.

"아름다운 꿈 이루고 가니?"

"아니…!"
"그럼 그 마음 아파서 어쩔려구?"
"내 작은 꿈과 사랑 내가 떠난 자리에 놓구가는 거야."

담담한 그 표정이 무척 아름답게 보입니다.
난 아직도 아파서 이렇게 슬퍼하는데

사랑은 그렇게
남겨주고 가는가 봅니다.
오래도록 가슴속에 울림으로 남을
그런 사랑을 남겨주고 가나 봅니다.

당신을 사랑하리

나 저 소나무처럼
당신을 사랑하리

머리에는 구름모자 쓰고
발아래는 푸른 털신 신고

계절 따라 부는 바람에
기쁜 얼굴로 사랑노래 부르며

나 저 소나무처럼
당신을 사랑하리

비바람에 씻기며 폭풍우에
슬픈 눈물 흘려도

매서운 겨울바람에 몸 둘 곳 몰라
맨몸 드러내고 허허로이 하늘을 보아도

나 저 소나무처럼
당신을 사랑하리

발아래 누워 있는 세상 근심들이
아침 햇살에 슬며시 잠에서 깨어

두 팔 벌려 나의 가슴을 보듬어 줄 수 있는
나 사랑하는 당신의 품에서

바람소리를 노랫소리 삼아
당신을 사랑하리

오두막집

오두막집
까만 밤이 조용히 산골짜기에
내려앉으면

먼 산에 부엉이 우는 소리
조용히 창문을 흔듭니다.

살며시 내 맘에 찾아드는 그리운 님의 모습
별빛 반짝이는 먼 하늘 저편으로
기러기 날갯짓하며 사라져 갑니다.

내 마음이 날개를 쉬는 곳
힘든 삶의 여정에서
꿈과 사랑을 키워 가던 곳

지금도 달빛에 실눈을 뜨고
조용히 엎드려 숨죽이고 있는 곳

바로
고향하늘 아래 내 꿈터 오두막집

언제나 내 마음은
그곳을 맴돌고 있습니다.

당신이 그리운 날

그날은
몹시도 추웠습니다.
살을 에이듯이 부는 겨울바람이
그러지 않아도 당신을 잃은 슬픔에 힘든 나를
더 가슴 아프게 했습니다.

온 대지는 하얗게 눈으로 덮이고
하늘은 온통 잿빛으로 물든 날이었습니다.

이 땅에 모든 불결한 것들을
차마 눈으로 보기 싫은 듯
그렇게 하얀 눈이 많이도 왔었습니다.

평소에도 그랬듯이
깨끗하게 마지막 가시는 길을
가고 싶으셨나 봅니다.

오늘이 그날입니다.
그렇게 가신 마지막 날입니다.
하얗게 웃으시며 날 보듬어 주시던 모습이

그리워 그리워 눈물짓는 그런 날입니다.

하늘을 보며
그 곱던 모습 가슴에 다시 새겨 봅니다.

겨울 조약돌

차가운 바람에
알몸을 떨고 있는
조약돌

햇살 퍼진 동구밖 느티나무
길게 길게 그늘 드리울 때까지

하얀 얼음옷 입고
눈물 짓는다.

어머니 같은 당신

당신은 좋겠습니다.
어머니가 계셔서,
어머니의 사랑을 받을 수 있어서
당신은 좋겠습니다.
그러나 이제는
나도 좋습니다.
어머니 같은 당신이 있어서,
어머니 같은 당신의 사랑을 받을 수 있어서
나도 좋습니다.
당신이 그랬습니다.
당신은 나의
어머니이고, 누이이고, 연인이고, 친구라고
얼마나 좋은지
일찍이 없었던 기쁨입니다.
그래서 당신은
나의 파랑새입니다

제3부

빈 바랑에 산을 담다

망망대해 그리고 갈매기

끝도 보이지 않는 바다는
마치 인생과도 같다
수평선 멀리 떠오르는 해를 보며
탄성을 지르다가도
발밑에서 출렁이는 높은 파도에
화들짝 놀라 심장의 울림이 커지기도 한다

나는 가끔 그런 바다 위를 나르는
갈매기가 되고픈 꿈을 꾸곤 한다
날다가 날다가 힘들면
잠시 바다 위에 내려앉아
그 일렁임에 몸을 맡기고
성냄도 욕심도 없는 평화로움 속에서
동쪽인지 서쪽인지
방향도 잠시 잊은 채 살고 싶다

술이 그랬다

혼돈 위 시곗바늘
초침도 방향을 잃은 듯
나락으로 떨어져 내리는 시간이다
바람도
비도
그들도 미처 펼쳐보지 못한 춤사위를 보는지
차츰 잦아들고
게슴츠레 웅크린 술기운을
불쌍한 듯 어루만진다.

아하
술이 그랬다
얼콰한 얼얼함이 가슴으로 밀어 오를 때
그 술이 나를 달래주고 있었다
한 잔이 두 잔 되고
두 잔이 세 잔 되고
이어지는 함께 부르는 흥얼거림의 합창소리
그것이 시가 되고 글이 되고
종래에는 어린아이가 되었다

술이 어린아이가 되었다
술 속에 내가 있었다

바다가 그리운 외포리

바로 앞이 바다인 곳
그러나 늘 바다를 그리워하게 하는 곳
외포리
그곳에는 밤새 비가 내렸다
별빛 같은 비가 내렸다
아침이면 신기루처럼 사라질
어쩌면 닳고 닳은 고무신처럼 느껴지기도 한
그곳 외포리 바닷가

왁자한 소란스러움에
다시금 적막에 잠길 풍경이
가슴속 뜨거운 열기로 모닥불을 일군다
타닥타닥 모닥불 타들어 가는 소리
아마 그것은 시들어 버린 낙엽 같은 마음에
생기를 불어 넣은 생명의 소리일 것이다

종일 흙탕물 같은 바다 위를
소란스런 바람이 되어 헤매어 본 하루
바다가 바로 앞인데도 늘 그리운 것은
왜일까

늦가을 햇살이 내려앉은 외포리는
그런 내 마음을 알까

고향 골목길

고향 골목길
어릴 적엔 어스름한 달빛에
더듬어 가던 길이었는데
이제는 가로등이 불 밝히고
내 가는 길
앞장서 준다

저만치 마을 어귀쯤
누렁이 한 마리 튀어나올 법 한데
정성스레 쌓아 올린 돌담 위
누런 호박 덩어리 하나
날 반겨줄 법 한데
흙먼지 밟으며
찾아든 고향 골목길엔
추억 속의 기억은 기척도 없다

잎 떨어진 자리

거기엔
누구도 알 수 없는 꿈이 있다
말라비틀어진
그래서 더 옹골진 모습뿐인
그 자리엔
누구도 알 수 없는 꿈을 감추어 두었다

봄부터 가을 잎이 질 때까지
보고 듣고 감추어둔
강가에 모래알 같은 사연들
단단한 껍질 속으로
더 단단하게
누군가 볼까 두려워
누군가 꺼내어 버릴까 조심스러워
떨어진 흔적만 남기고
안으로 안으로 갈무리하였다

잎이 떨어진 자리엔
언젠가 모를 기다림에
아무도 모를 꿈만 감추어 두었다

가메봉 정상의 들국화

가메봉 정상에
아침저녁으로 이슬 맞으며
하얀 들국화 무리가 꽃을 피웠다
얼마나 좋을까
먼 산 바라보며 갸웃갸웃 고갯짓
그리운 님 기다리듯 피어난 꽃잎
자연은 어디든 사랑하는 자리에
이렇게 꽃을 피우고 그리움을 남긴다

바위틈 작은 소나무 옆으로
삶이 힘든 사람들이 셋방살이하듯
옹기종기 모여 핀 들국화 몇 송이
눈부신 산 정상의 햇살에
이제는 고달픈 삶이 아니기를 바래본다

이 높은 산 위에도
꽃들을 위로하는 벌들이 찾아줄까
정상을 떠나기 전 잠시 내가 벌이 되어
숨겨진 오랜 기다림을 카메라에 담는다.

* 가메봉 : 주왕산 자락의 산봉우리 이름

가을

바람이 분다
가슴속까지 시원하게 해주는 가을바람이다
계절이 가을로 접어드는 요즈음
텅 빈 알맹이 없는 열매만 가슴속에 수북하게 쌓인다
풍성했던 한여름의 푸름도
까칠하게 말라버린 메마른 몸 남겨두고
떨어지지 않는 발걸음 아침저녁으로 재촉한다

세월이 가고
이렇게 변함없이 계절이 바뀌어 가는데
아직도 가슴속에 남아있는
때묻은 시절의 추억은 변하지를 않는다

간다고 이야기도 없이
아침나절 문지방을 나보다 먼저 앞장서 나서는
가을바람에
눈부신 햇살도 밉상으로 하루를 시작한다
실눈 겨우 뜨고 바라보는 저 먼 곳
내 시선이 머무는 그곳
버리고 비우고 말없이 떠나는 가을이 있다

가을꽃 구절초

눈을 감고
머릿속에 남는 잔상을 쫓는다
언젠가 들려주던 옛이야기들
배시시 웃음 짓던 입 모양
때로는 크게
때로는 수줍은 듯
잠시 부는 바람에 고개만 끄덕끄덕
하얗게 핀 구절초 꽃들이
지난 계절은 잊은 채
높은 가을 하늘 아래
나지막이 맴도는 고추잠자리 동무 삼아
하얀 향기를 날리고 있다

검은 머리 하얗게 쇠는 줄도 모르고
살아온 세월
희게 변한 머리카락 풀어헤치고
이제 뜨거운 가을 태양을 가슴으로 안았다
남은 시간 또 다시
기쁜 희망으로 꽃을 피워

오래도록 변하지 않을 행복으로 남기고 싶다
까맣게 타도 좋을 사랑으로 남기고 싶다

빈 바랑에 산山을 담다

신선이 되기가 참 쉽다
잠시 무거운 마음을 하늘로 날려 보내고
일상에 젖은 서글픔을 바랑 속에 담으면
바로 신선이 되는 것을 이제야 알겠다

멀리 안개구름 바라보며
오르고 또 오르고
흘린 땀방울 시원한 바람에 오싹한 슬픔 남기면
어느새 발아래 구름을 딛고 서 있는 나를 본다
짜릿한 황홀함
온몸으로 번지는 오르가슴
산을 오르는 내내 몇 번씩 신선이 된다

피부를 통하여 배출되는
온몸을 적시고도 남을 땀은
켜켜이 쌓인 내 삶의 아픈 파편들이다
장갑 낀 손 들어 쓰윽 문질러 닦아내고
또 닦아내고
그럴수록 가벼워지는 기분은
신선이 되고 있다는 증거인지 모른다

구름을 밟고 바라보는 선계의 풍경들
한결 가벼워진 발걸음

어깨에 걸머진 바랑 속에 또 다른 사랑을 담는다

* 제1회 글벗문학상 수상 작품

탈각, 껍질을 벗다

거친 나무 등걸에 말라붙은 매미 껍질을 보았다
매미는 어디로 갔을까

한여름 그 짧은 계절에
밤낮으로 노래 부를 희망에
바싹 마른 껍질을 벗고
하늘로 숲으로 날아들었다
목이 쉬도록 부르고 또 부른 노래는
오랜 기다림으로 가슴에 남은 절규다

과감하게 벗어던진 갑옷 그 순간 다시 태어난
기쁨, 행복감을 노래 부르고 있다.

비오는 날 달팽이 한 마리

비 오는 날
싸늘한 아스팔트 위
달팽이 한 마리 길을 잃었다
흘러넘치는 빗물에 목까지 잠기고
턱턱 막히는 숨을 참느라
더욱 단단해진 껍질 속에 숨는다

갑자기 불어난 빗물
훌쩍 그 몸뚱이 들어 저만치 내동댕이치고
그리고 잠시 조용한 틈을 타
빼꼼히 내민 촉수로
아직 살아 있음을 가늠해 본다

꼼지락 꼼지락
지친 몸 일으켜 움직여 보지만
차가운 빗방울은 겁에 질린 단단한 몸을
자꾸만 흔들어 댄다
언제쯤 불어난 빗물을 벗어나
잃어버린 둥지를 찾을 수 있을는지
그 작은 몸부림이 애처롭다

갯벌속의 삶

너는 나를 미워하지 마라
푹 꺼지는 갯벌 위로
갈매기 떼 내려앉거든
버려졌던 네 몸 하나 제대로 추슬러
순간처럼 다가올 마지막 순간을
모래 속으로 숨기거라

턱턱 숨 막히는 검은 갯벌 위
바람구멍처럼 뚫린 작은 구멍 속엔
구겨진 삶이 피난을 왔다
호미 하나로 그들의 피난처를
사정없이 파헤치는 나는
무허가 철거업자가 되어 있었다

너를 위한 기도

기다려라
언제가 될지 모를 그날까지
묵묵히 기다려라
조급해한다고
그래서 밤잠을 설친다고 이루어지지 않을 것을
조급해 하지 말고 기다려라

생각이 머무는 그곳에
나를 내려놓고
그 자리에 퍼질러 앉아
그냥 기다려라
계절이 가고 오듯이
언젠가는 다시 품으로 돌아오리라

하늘과 땅이 만나
뜨거운 정염을 불태우는 그곳에
뒹굴며 함께할 그날이 올 것이니
조금이라도 남은 기운이 있거든
그날을 위하여 남겨두어라
기다려라

회 한 접시 그리고 술 한 잔

얇게 썰어진 단단한 육질
조금 전까지
팔딱거리던 숨소리 어디로 숨었는가
날아간 몸뚱이는 어디로 갔는가
커다란 눈 껌뻑거리며
누구를 원망하는가
한 점 한 점
내 살을 씹는 기분이다

허연 살점 하나하나에
부어지는 술 한 잔
저며진 살점에 올리는
작은 애도의 표시
아프다
자꾸만 가물거리는 눈은
돌아올 수 없는 먼 길을 떠난
내 인생을 기다리는지

작은 액자 속의 나

작은 액자 속에
나
조금은 낯선 모습이다

살면서
시시 때때로 다가오는
기쁨과
슬픔이
중첩되고 또 중첩되어
작은 액자 속에 꼼짝없이
감옥살이 한다

언제부턴지
나
작은 액자 속에
갇혔다

홍시

파란 가을 하늘 아래
높다란 감나무
거기 동그란 별 하나 달렸다

까르르 자지러지는 햇살이
쑥부쟁이 보랏빛 꽃잎을 달고
진한 흙 내음이 바람에 묻어 날 때
내 맘은
터질 듯한 홍시가 되었다

코스모스 연가

유성 하나 길게
지구 저편으로 마실 나가고
귀뚜라미 몇 마리 불빛에 모여
옛이야기 하던 밤
코스모스 하나 고개를 들고
노래를 한다

언뜻 들으면 자장가 같기도 하고
또다시 들으면 흥겨운 가락이 춤을 추기도 하고
어떨 때는 슬픈 이별가 같기도 하고
그러나 지금은
단장을 에이는 통곡소리로 들린다
함께 나누지 못한 술잔
그 언저리에 내려앉은 밤이슬
그대의 슬픈 눈물인가 싶다

나의 삶 바람의 삶

한자리에 머물지 못하는 바람
늘어진 버드나무가지를 흔들고 간다
어디로 가는지 묻지도 않는다
어차피 물어도 대답이 없을 것을 아는지

내게 세월도 그랬다
작은 손으로 밥숟가락 들 때부터
지금까지
어떻게 살 거냐고 묻지도 않았다
어차피 그렇게 살지도 못할 것 같아서

지금은 내일도 모르고 산다
마음은 이미 저만치 달아나 버렸는지
허허로운 가슴은 세월이 흘린 땀으로 젖고
이제야 그것이
인생이라는 것을 알았다

싹

집안 작은 화분에 때 없이 피어나는
작은 새싹을 보면
항상 느낌이 새롭다
들리지 않는 생명의 꿈틀거림
소리 없이 키워가는 희망을
그것에서 본다

세상에 처음 태어나 울음으로 시작하는 인생
자라며 듣는 이야기는 그놈의 싹을 이야기한다
커서 무엇이 될까를 미리 짐작하여
아니면 자기의 못다한 소망을 담아
자라다 마는 싹이 아닌 커다란 떡잎이 되기를
미리 점지하듯
부대끼고 깨어지며 그것을 느꼈을 즈음
이미 내게는 아무런 힘도 없다
내 스스로에게
그럴 때마다 새롭게 피어나는 싹이기를
소망해 보며
작은 싹을 내 맘속에서 찾는다.

미안해요

미안해요
이렇게 조용한 밤이면 문득문득 생각을 하게 되어서
하지만 어쩔 수 없는 것을 어찌합니까
마음이 답답할 때에는
어디론가 훌쩍 떠나곤 하였는데
이제는 이렇게 가만히 집에 머물며
어둠에 갇혀 버린 먼 시가를 내려다보는 일이
참 좋다고 느껴집니다.

오래된 추억을 이제는 잊어야 하는데
남겨주신 그 향기가 너무도 강하여
자꾸만 슬퍼지는 내 맘을 주체하지 못합니다.
그리워서요
보고 싶어서요

미안해요
이제는 거뜬히 이 삶을 이겨내야 하건만
쌓여만 가는 삶의 무게에
찌들고 짓눌린 일상들과 함께
하루하루 살다 보니 그리되었습니다.

제4부

거미줄에 걸렸다

삼도봉 오르는 길

물한계곡 바람 소리는 파도 소리를 닮았다
흔들리는 나뭇가지도 없는데
바람 소리는 계곡을 내달려 내려간다
파도 소리로
폭포 소리로
무엇이 그리 급한 것일까

하얀 눈 쌓인 길은
날카로운 매의 발톱인가
아이젠에 찍히고 할퀸 자리가
벌겋게 덧났는지
녹아내린 진흙길엔
뼈만 남은 낙엽 몇 장이
오래된 반창고처럼 붙어 있다

하늘엔 구름이 가고
계곡엔 아파 우는 바람이 가고
내 맘속에는
싸늘한 그리움이 간다

파란 개구리밥 속에는

한자리에 머물지 못하는
바람처럼
언제나 기다림도 없는
구름처럼
흘러가는 시간을 붙들어 둘 용기도 없는

무수동 우렁이 농장
파란 개구리밥 속에는
옹기종기 커가는 사랑
잠시 부는 바람에 미동도 없다
그래야지 그럼

6월의 장미

담장 위
작은 틈새도 없이
빨간 6월의 장미가 피었다
저절로 머무는 눈길

붓으로 붉은 물감을 듬뿍 찍어
담장에 뿌린 듯 점점이 박힌 선홍색
6월의 빨간 장미
하지만 덩굴에 숨은 가시는 보지 못한다

슬며시 몇 송이 꺾어
물병에 꽂아 두고는
아침저녁으로 물끄러미 바라본다
잊은 듯 생각나는 서러움
붉은 장미꽃 닮았는지
가시에 찔린 것처럼 아파온다

6월의 장미
넌 내게 슬픔이다
이유는 없다

나의 지갑

반질반질한 오래된 지갑
바지 뒷주머니에 항상 자리한
나의 또 다른 분신
거기에는 온갖 추억들이 시간 개념을 벗어나
머물고 있다

지친 일상을 추슬러
차곡차곡 접어 담고
뒷주머니에 찔러 넣으면
든든한 마음으로 기분 좋아지는 것은
네가 가진 매력 때문에 그럴 것이다
만 원짜리 천 원짜리 지폐 몇 장
사용하지 않는 카드 몇 개가 전부이지만
든든한 또 다른 여유를 네게서 느낀다

하루에 한 번씩 그것도 아침마다
내 마음에 그리움을 채우듯
지갑에도 사랑을 채운다

편지

만년필 촉에서 배어 나오는 까만 잉크
거기에 묻어나는 행복한 그리움들
하고픈 말 가슴으로 가만히 되뇌며
밤새 써 내려간 편지 한 통
아침이면 이슬처럼 사라지고 마는 신기루

아주 먼 곳에 있는
당신에게 보낼 수 없는 편지들을
쓰고 지우고
쓰고 지우고
마음으로 보내는 편지가 되고 말았다
봄이 오고 파란 새싹이 피면
읽을 수 있으려는지
잠시 꿈속에서라도 내 맘을 알아준다면
답장처럼 당신 품에 안기고 싶다

아직도 잉크는 마르지 않았다

보온 밥통 속의 나

하루하루
삶이라는 고달픈 여정이
시간이라는 커다란 밥통 속에서
또 다른 내일을 생각하며
보온 상태로 된다
보온 중
빨간불 들어온 보온 버튼이
유난히 크게 보인다

먼 훗날
보온밥통을 열었을 때
거기 보관되어 있던 내 뜨거운 사랑이
기다림이라는 길고 긴 세월 속에서
행복이라는 기쁨으로 나를 찾아 준다면
그것은
그것은 네가 할 수 있는 나에 대한
뜨거운 배려일 것이다

오늘도 가만히 내 하루 일과를
너라는 예쁜 보온밥통 속에

아무도 모르게
보온상태로 저장한다

기도하는 마음

어디만큼 가야 하는지
얼마만큼 그리워해야 하는지
아직도 발길 아래에서
흙먼지 일으키며 길을 잃고 헤매는
추억의 언저리 그곳

꿈속에서
보일 듯 말 듯 꽃잎처럼 흩날리는
봄날의 한가로움도
내게는 모두 다 사치였다

이제
아픈 추억들이
어둠 속에서도 밝게 빛나는 별이기를
기도하는 마음으로
잠자리에 든다

울고 싶은 그리움

늦은 겨울 길고 긴 햇살이 창을 열고
아직도 싸늘한 찬바람이 내 꿈을 깨우면
나는 또다시 그리운 마음에
고개를 숙인다
눈물로 헤어짐은 아직도 깊은 서러움으로
내 가슴에 남아 있는데
아직도 멀기만 한 봄날은
언제나 내 가슴에 봄꽃을 피우려는지
이 나이에도
문득문득 어린애 같은
울고 싶은 그리움이 밀려드는
이유는 무엇일까
내 작은 가슴에 서러움으로 키워진
사랑이라는 그리움
정말로 울고 싶은 그리움이다

교차로

빨간 신호등 깜빡거리는
도시의 교차로

무언가 조급함에
손바닥에 고이는 땀

지금
내 삶의 교차로엔
철모르는 꽃이 피었다

술 한잔의 추억

내 입술에 남아있는 그 촉촉함
꿈인 듯 스쳐간 그 아련함
내 가슴은 지진이 일듯
커다란 진동이 밀물처럼 달려든다
찬바람에 날아든 화살촉 같은 화끈거림은
마음속 깊은 곳에 남아있는
씁쓸한 눈물이다

어디로 갔나
무엇을 해야 하나
겨울 찬바람이 문풍지를 흔들어 깨우는 밤
촉촉한 싸늘함을 끌어안고 밤을 새운다

내내 기다리던 소식도 없다
가버린 계절처럼
떨어져 버린 낙엽처럼
그러나 다시 올 봄을 기다리는 마음으로
오늘도 밤을 안고 뒤척인다
길고 긴 겨울 밤의 꿈속에서
내게 찾아올 따스한 봄날은 언제일까

신문을 읽는 아침

커피 향기가 참 좋다
신문을 읽는 그 시간
여유로움 속에는 온갖 세상살이 이야기들이
커피 잔 속으로 녹아드는 시간이다

정치면은 다들 국민을 위한다고 하고
사회면은 크고 작은 사건. 사고들로 넘치고
교육면은 백년대계를 세운다고 하고
하나하나 차례로 읽고 생각을 담아본다
어느 것 하나 마음에 남는 감동이 없다
서로 생각 없는 주장들만 난무할 뿐
지면 가득한 수많은 아우성이 들리는 듯하다
그런 가운데에도 작은 귀퉁이
세상 따뜻한 기사 한 토막 읽고 나면
가슴속에 따뜻한 온기가 되살아난다

복잡한 사회
수많은 생각들이 하루살이처럼 떠도는 영혼들이다
정리되지 않은 생각들이 어지러운 날
작은 활자에 머무는 내 눈의 시간은 길어진다

마지막 사설까지 읽고
신문을 덮고 나면 머릿속은
온기 없는
텅빈
커피잔처럼 된다

세상속의 인연

문득문득 생각나는 그리움도
인연일까 궁금하다
먼 하늘 바라보다
책상 위에 엎드려 일을 하다가
생각나는 그리움도
인연이라면
그냥 조용히 가슴에 삼켜야 하나
세상 속 수많은 어지러움 속에서도
그렇게 생각나는 그리움이 있다면
그것은 행복일까 불행일까
까닭 없이 그런 생각에
잠 못 드는 새벽이었다

한밤중에 거실에 서서 창밖을 본다
그 속에 내가 있는 것이 아니라
나의 과거가 있다
아니 미래인가 모르겠다
멀리로는 거리의 불빛
유리창엔 뽀얀 습기 가득하고
그리고 어둠 속엔 홀로 서 있는 내가 있다

팔짱을 낀 내 모습이
촛농 흘러내리듯 주저앉는다

아마도 이만큼 살아 온 것도
세상에 대한 나의 인연일 게다

잠

어제는 참으로 길고 긴 잠 속에 빠졌었다
잠들고 나서 새벽까지
어지러운 꿈도 없고 잠들 때의 그 따뜻함으로
아침을 맞았다
그동안 거의 매일
깊은 잠을 못 자고 자다 깨다를 반복했는데
거기다가 새벽녘이면 잠도 멀리 도망가고
말똥거리는 정신으로 이불 속에 있기도 하였는데
참으로 맛깔스러운 단잠을 잤다

잠은 잠깐의 죽음이라던가
기억도 없는 까마득한 죽음의 세계를
매일 매일 말 없는 방문자가 된다
잠 속에서만 만날 수 있는 꿈
어지러운 일상에서의 욕구불만인가
잠깐의 죽음과 함께하는 위로의 잔치인가
감추어진 심상의 그림자들이
초저녁 잠자리부터 찾아드는 밤이면
아침의 내 몰골이 한없이 초라하기도 했다

까칠한 가을바람이 분다
뒹구는 낙엽에 온기조차 없다
가을에 꾸는 여름날의 꿈은
차가운 아침이슬에 젖어 길거리에 뒹군다.

꽃과 나비

어디선가 날아온 나비 한 마리
바람결에 흔들리는 듯
나풀거리며 춤을 춘다
그 나비 따라 움직이는 내 눈길
스르르 눈 감고 잠들고 싶어진다

까칠하게 메말랐던 내 가슴에
물기 촉촉한 사랑을 만들던
앙증맞은 제비꽃을
다시 찾은 나비 한 마리
어느 봄날
텅 빈 교정에서 거닐던
그 햇살을 닮았다

나는 한 마리 나비
그대는 앙증맞은 제비꽃 한 송이
어설픈 나비의 춤사위는 그대를 위한 것
긴긴 장삼이 흥건히 땀에 배어도
구멍 숭숭 뚫린 날개를 펼치고
힘든 줄 모르고 살아온 세상

오늘은 아늑한 그대 품에
잠들고 싶다

거미줄에 걸렸다

숲속에
푸른 내음이 가득한 오후
매미 소리 아득하게 단잠을 깨운다
잔뜩 내려앉은 하늘
눅눅한 바람은 심사가 뒤틀린 듯
처마 끝 거미줄만 흔들고 있다

거미는 이미 어디론가 숨었고
길 잃은 나방 몇 마리
거미줄에 걸려
힘없는 날개만 푸드덕거린다
그 사이로 굵은 빗방울
듬성듬성 스치듯 내린다

삶을 뒤돌아보는 오늘
내 삶도 거미줄에 걸린 걸 알았다
호되게 질긴 거미줄이다

빈 의자

공원 모퉁이 빈의자
주인을 찾고 있다
낮 주인은 동네 어르신들
혹은 개구쟁이 꼬마들
밤엔 이슬 머금은 쓸쓸한 가로등 불빛이
잠깐의 주인이다

누구나 쉬어감을 기쁨으로 여기며
안락한 여유를 즐길 수 있고
두런두런 나누는 아픔도 들어주고
지친 몸 누이고 곤한 잠 청해도
안쓰러운 마음에 차마 깨우지 못하는
공원 모퉁이의 빈 의자

내가 그런 의자이고 싶다
아직은 감당할 자신이 없지만
잠깐씩 쉬어갈 작은 여유로
누구에겐가 빈 의자가 되고 싶다

사랑이었소

내 맘 네게 모두 주어버린 날
촉촉한 비가 내리고
그저 바라만 보아도 좋을 시간을
보내버리고 만 지금
가끔은 당신 생각에
밤을 지새운다오

사랑이었소
잠에서 깨어 밝아오는 창문 틈으로
햇살이 되어 스며드는
당신의 체온을 느낄 때면
달려가 창문을 열고
당신을 맞이합니다

먼 곳
흐르는 안개 사이로 보이는
당신이 잠들어 있는 그곳
달려가 얼싸안으면
반겨 주실는지요

계단을 오르며

발을 들어 하나씩
무심으로 오르던 계단
힘들고 가빠질수록
마음속으로 하나 둘 세며 오른다
작은 여유로
사는 방법을 배운 게다

처음

가벼웠던 발걸음이
갈수록 무디어질 즈음
난간에 기대어 아래를 본다
까마득한 낭떠러지
문득
하늘로 날아오르고 싶어진다

내 맘속의 당신은

들었나요
밤새도록 당신이 잠든 창가에 머물며
흐느끼는 달빛소리를
들었나요
바람이 되어 스치듯 지나간
당신의 향기마저
이슬이 되었다는 소리를

오랜 세월을
그렇게 두근거리는 기다림만 안겨준
참으로 슬픈 사랑이지만
내게는 그 무엇보다도 더 소중한
당신이랍니다

까칠한 당신 목소리에
화들짝 놀라 정신을 차리고 보면
햇살이 되어 저만치 달아나 버린
시간이었습니다
어느 한순간을 놓아본 적 없는
이제는 더 이상 도망갈 곳도 없는

언제나 내 정신 속에 함께하는
그리운 당신

넋은 꿈처럼 이승을 떠나고
흔적은 고스란히 흙이 되어 버린 지금
아직도 얼얼한 아픔만
내 가슴에 남았습니다.

능소화 핀 골목길

갸웃 고개를 내밀고
붉은 장미의 열정을 듣는지
보리밭 노란 이랑 사이를 먼지 날리는
버스를 타고 떠난
봄을 그리워함인지
담장 위에 힘겹게 매달린 채
하늘로 오르고픈 열정을 숨기고 있다

골목길 돌아서다 뒤돌아보면
무슨 이야기들이 그리도 많은지
엷은 홍조 띠고
똑같은 입 모양으로
재잘거리는 소리 하늘을 뒤덮고
그리움 가득한 사랑 노래 부르다
햇살 좋은 6월의 하루가
저물어 간다

가슴깊이 날아와 박히는 화살 같은 그리움
햇살도 못 본 체 고개 돌린 오후에
온몸에 피처럼 흘러넘치는

능소화 핀 골목길이
이리도 멀었던가
말없이 뒤따르는 그림자만
쓸쓸하다

■ 작품해설

추억과 그리움, 그 절실함에 대하여

— 여규용 시인의 시세계

문학평론가 리 헌 석
(사)문학사랑협의회 이사장

1.

여규용 시인의 작품을 대할 때마다, 그의 내면에 드리워 있는 '그리움'의 실체가 궁금하였다. 사람은 누구나 그리운 대상을 가슴에 안고 살아가게 마련이고, 특히 시인들은 자신의 생명을 걸고서라도 미지의 세계로 비상하는 이카루스(ICARUS)의 운명을 선택한 사람들이어서 더욱 궁금하게 마련이다.

그러던 중, 오랜 창작 끝에 발간하는 첫 시집의 작품을 읽으면서 그에 대한 궁금증이 다시 일었다. 〈내 마음속의 당신은/ 나에게는 꿈이었습니다/ 나에게는 희망이었습니다.〉 〈내 마음속의 당신은// 언제나 변함없는 사랑이었습니다/ 언제나 잔잔한 그리움이었습니다〉 등으로 노래되는 '당신'의 실체가 명확하지 않았기 때문이다.

작품 「내 맘속에 당신은」에 등장하는 '당신'은 시인에게 있어, 핵심적인 서정의 축(軸)을 이루고 있는 것은 분명하다. 그에게는 '당신'이 꿈이었고 희망이었으며, 사랑이었고 그리움이었다. 또한 〈봄날의 화사한 꽃들도/ 가을날의 예쁜 꽃들도〉 아름다운 추억의 제재로 수용되었다. 그 추억은 다시금 사랑으로 변환되지만 그 실체가 분명하지 않은 것이 특징이다.

어디만큼 가야 하는지
얼마만큼 그리워해야 하는지
아직도 발길 아래에서
흙먼지 일으키며 길을 잃고 헤매는
추억의 언저리 그 곳

꿈속에서
보일 듯 말 듯 꽃잎처럼 흩날리는
봄날의 한가로움도
내게는 모두 다 사치였다

이제
아픈 추억들이
어둠 속에서도 밝게 빛나는 별이기를
기도하는 마음으로
잠자리에 든다.

—「기도하는 마음」 전문

그 자신도 '어디만큼 가야 하는지' '얼마만큼 그리워해야 하는지' 판단할 수 없는 추억을 노래하고, 그 추억 속에서 '밝게 빛나는 별'을 그리워한다. 이러한 추억은 「중산리의 밤 하늘」에서 어느 정도 실마리를 제공한다. 〈깜깜한 중산리 밤/ 별들은 촘촘히 다가와 어릴 적 추억을 들려주고/ 계곡 물소리는 어둔 추억을 흔들어 깨운다〉〈희미한 가로등 불빛 아래/ 고개 숙인 추억만 밤을 지새고 있다.〉 등에서 유년의 추억을 찾아낸다. 이는 다시 「울고 싶은 그리움」으로 나타난다. 〈이 나이에도/ 문득 문득 어린애 같은/ 울고 싶은 그리움이 밀려드는/ 이유는 무엇일까/ 내 작은 가슴에 서러움으로 키워진/ 사랑이라는 그리움/ 정말로 울고 싶은 그리움〉을 노래한다.

이와 같은 추억, 추억을 통한 그리움의 대상, 그리움에 의해 형성된 사랑의 실체를 찾아 여규용 작품 감상의 여로(旅路)를 출발한다.

2.

여규용 작품의 추억, 그리움, 사랑의 실체는 「오두막집」에서 그 일부를 확인할 수 있다. 〈오두막집/ 까만 밤이 조용히 산골짜기에/ 내려앉으면// 먼 산에 부엉이 우는 소리〉가 들리는 그의 고향은 충북 제천군 백운면 화당리이다. 그 곳에서 1956년에 출생하고 성장하는데, 그의 눈물겨운 서정은 이때부터 비롯된다.

시인이 〈내 마음이 날개를 쉬는 곳/ 힘든 삶의 여정에서/ 꿈과 사랑을 키워 가던 곳〉으로 인식하고 있는 그 곳이 바로 상실의 근원으로 기능하기 때문이다. 그는 유복자로 태어나 3세부터 조부모의 슬하에서 초등학교 때까지 자란다. 그때의 자연 환경과 고단했던 삶이 작품의 배경으로 투영된다. 그가 겪은 유년기의 시련은 그에게 부정적 영향을 끼칠 가능성도 있었으나, 오히려 그는 은혜를 베풀어 주신 분들에 대한 그리움으로 작품의 핵(核)을 이룬다.

이는 그의 내면이 원천적으로 순수하고 선하다는 것을 입증하는 요소라 하겠다. 특히 정서적으로 예민한 청소년 시절에 겪었던 곤란한 상황을 극복하고 긍정적인 삶을 영위한 것은 그의 원형질이 선하기 때문이다. 중학교는 충북 충주시에서, 고등학교는 충북 단양에서 마칠 수 있었는데 친척들의 배려라고 추억한다. 그래서 도와주신 분들에 대한 그리움을 작품에 담아낸다. 청년기에는 현재 근무하고 있는 회사의 대표를 만나게 되어, 대학의 학업도 마칠 수 있었고, 삶의 새로운 원동력도 얻었다면서 감사하는 자세를 견지한다.

유복자로 태어난 시인은 부친에 대한 그리움을 절절하게 노래한다. 때로는 할머니의 입장에서 부친을 그리워하기도 하고, 때로는 자신에게 주어진 막연한 그리움을 노래하기도 한다.

> 양지바른 무덤가에 핀
> 뽀얀 솜털의 할미꽃
>
> 그 부드러움이
> 마치 할머니의 마음 같아
> 만지고 또 만지고

아침 이슬 머금고 고개 숙인
그 모습이
멀리 떠난 자식을 그리워하듯이
눈물 머금은 모습에
가슴이 아프다.

—「할미꽃」 일부

'할미꽃'에서 '할머니'를 연상하는 것은 보편적 성향이다. 그러나 그 할머니는 〈멀리 떠난 자식〉을 그리워하면서 눈물을 머금은 분이다. 이는 아버지에 대한 시인의 그리움을 할머니에 의탁하여 표현한 것이고, 또한 할미꽃을 통하여 자신의 절실한 내면을 투영한 것에 다름 아니다. 그렇기 때문에 이와 같은 애절한 상황을 표현할 수가 있는 것이다. 일반적으로 부모를 여의면 산에 모시고, 자녀가 먼저 떠나면 가슴에 묻는다는 말을 하는데, 후자와 같이 참척(慘慽)을 겪으신 할머니의 내면을 미루어 표현한 것이다.

이를 바탕으로 그는 「사부곡」을 빚는다. 〈오래 전에/ 눈물로 보내던 시절이 있었습니다.// 말없이 하늘을 바라보며/ 말없이 동구 밖에 앉아/ 나 스스로를 미워할 때가 있었습니다.〉 〈그때 내 마음에 맺힌 그리움은/ 너무나도 커다란 그림자였습니다./ 어디를 가도 따라다니는/ 무엇을 해도 지워지지 않는 사랑이었습니다.〉에서 보듯이 부친의 부재(不在)로 인해, 그는 조부모 슬하에서 자랄 수밖에 없었고, 당시 어린 소년에게 있어 감당하기 힘든 멍

에로 작용하였을 것이다. 아버지를 그리며 눈물로 보낸 세월을 그는 〈흐릿한 하늘〉로 비유한다. 〈그렇게 왔다가 일찍 가실 것을/ 이렇게 남겨진 나를 힘들게 하시는지요〉 라며 응석에 가까운 투정을 하기도 한다. 그렇지만 그는 자신에게 지워진 운명을 긍정적으로 수용하여 〈다음에 올 아름다운 사랑〉을 심고 가꾼다.

'엄마'에 대한 그리움도 애상성을 띠는데, 이를 바탕으로 '사랑의 갈망(渴望)'을 노래하고, 또한 간절한 정서를 생성(生成)한다.

지금도 시골 장터에서
엄마의 체취를 느낍니다.
텁텁하면서도 포근한 냄새지요.

멀리로 지나가는 기차에 몸을 싣고
떠나고 싶습니다.
내가 그리는 엄마의 사랑을 찾아서
가고 싶습니다.

진달래 곱게 피면
그 꽃과 함께 내가 그리는 엄마가
오실 것만 같습니다.

내 맘은 항상 슬픔을 머금고 있습니다.
건드리기만 하여도
어쩔 줄 모르는 아픔이 있습니다.

—「엄마 내 맘속에 사랑」 일부

시인은 동요를 듣고 있다. '엄마가 섬그늘에…' 라는 구절을 들으며 희미한 기억으로 남아 있는 '엄마'의 이미지를 찾는다. 노래의 가사가 시인의 가슴을 잔잔하게 울리면, 그는 〈슬픈 마음을 가득 안고〉 엄마를 그리워한다. 잊으려고 하면 할수록, 어머니의 따스하던 품은 한정 없이 자라게 되고, 그로 말미암아 시인은 더욱 애상(哀傷)의 정서를 감내해야 했다. 이 노래의 끝 부분 '팔 베고 스르르르 잠이 듭니다.'에 이르러 그는 울다 지친 아이가 된다. 그리하여 포근한 잠을 죽은 듯이 잘 수 있으리라고 믿는다. 현실에서 이루어질 수 없는 '엄마'에 대한 그리움은 '아내'에게로 전이되어 나타나기도 한다.

당신은 좋겠습니다.
어머니가 계셔서,
어머니의 사랑을 받을 수 있어서
당신은 좋겠습니다.
그러나 이제는
나도 좋습니다.
어머니 같은 당신이 있어서,
어머니 같은 당신의 사랑을 받을 수 있어서
나도 좋습니다.
당신은 나의
어머니이고, 누이이고, 연인이고, 친구라고
얼마나 좋은지
일찍이 없었던 기쁨입니다.
그래서 당신은
나의 파랑새입니다.

—「어머니 같은 당신」 전문

그가 태어나서 3세까지, 짧은 유아기를 함께 보내었을

뿐인 '어머니'에 대한 그리움, 그 절실한 간구를 구체화할 수 없는 시인은 아내를 통하여 간접적으로 보상(報償)을 받는다. 어쩌면 애매한 그리움이라기보다는 '엄마'를 가진 아내에 대한 부러움, 혹은 그에 동화된 자신의 고백 성격을 띤다. 아름다운 추억으로 간직해야 할 모성(母性)을 너무나 일찍 상실한 그에게 있어, 그의 아내는 모성을 대신할 수 있는 가장 가까운 대상이다. 특히 어머니와 아내의 혼재(混在) 의식에서 빚어진 듯한 「사랑이었소」는 〈그저 바라만 보아도 좋을 시간〉을 함께 나누는 그리움이며, 〈잠에서 깨어 밝아오는 창문 틈으로/ 햇살이 되어 스며드는/ 당신〉이어서 귀중하게 수용하는 대상이다.

출생과 함께 주어진 운명적 상실감은 그에게 형언할 수 없는 아픔을 감내(堪耐)하도록 마련되었을 것이다. 「비오는 날 달팽이 한 마리」에서처럼 〈흘러넘치는 빗물에 목까지 잠기고/ 턱턱 막히는 숨을 참느라/ 더욱 단단해진 껍질 속〉에 몸을 숨기는 달팽이는 유년기 자신의 상황과 흡사하였을 것이다. 이 작품은 구체적으로 '달팽'이의 위기를 그려낸 것이지만, 그 자체에 머물지 않는 속성을 지닌다. 말하자면 그의 내면이 이 작품에 투영된다. 〈꼼지락 꼼지락/ 지친 몸 일으켜 움직여 보지만/ 차가운 빗방울은 겁에 질린 단단한 몸〉을 자꾸 흔들어 대는 달팽이의 상황, 그리고 〈작은 몸부림〉으로 살고자 하는 달팽이의 처절함은 내면의 반향(反響)이라 할 수 있다.

이처럼 답답한 세월을 겪으며 시인은 '술'과 친하게 된다. 〈혼돈 위 시곗바늘/ 초침도 방향을 잃은 듯/ 나락으로 떨어져 내리는 시간〉을 잊기 위해 그는 술을 마신다. 〈얼콰한 얼얼함이 가슴으로 밀어 오를 때/ 그 술이 나를 달래주고〉 있음을 깨닫는다. 그러나 그는 술에 침잠되지 않고, 술과 동행하는 슬기를 보인다. 환언하면 답답한 현실을 잊기 위하여 술을 마시지만, 그 술의 마성(魔性)을 극복하고 새롭게 거듭난다.

거친 나무 등걸에 말라붙은 매미 껍질을 보았다.
매미는 어디로 갔을까

한여름 그 짧은 계절에
밤낮으로 노래 부를 희망에
바싹 마른 껍질을 벗고
하늘로 숲으로 날아들었다.
목이 쉬도록 부르고 또 부른 노래는
오랜 기다림으로 가슴에 남은 절규다.

과감하게 벗어던진 갑옷, 그 순간 다시 태어난
기쁨, 행복감을 노래 부르고 있다.
—「탈각, 껍질을 벗다」 전문

매미가 껍질을 벗고 하늘을 나는 것처럼 그도 너른 세상으로 날아가고자 한다. 그 세상이 한없이 자유롭고 평화로운 것은 아닐 터이지만, 그가 택할 수 있는 변수(變數)가 많지 않았기 때문이다. 때로는 「갯벌 속의 삶」에서처럼 〈턱턱 숨 막히는 검은 갯벌 위/ 바람구멍처럼 뚫린 작은 구멍 속엔/ 구겨진 삶이 피난〉을 온 것처럼 안

타까운 세상이었을 수도 있지만, 그는 만난(萬難)을 극복하고, 세상의 욕심을 버리는 지혜를 얻는다.

이러한 바탕에서 그는 「빈 바랑에 산을 담다」에서 〈잠시 무거운 마음을 하늘로 날려 보내고/ 일상에 젖은 서글픔을 바랑 속에 담으면/ 바로 신선〉이 되는 깨달음을 노래한다. 「감나무 연정」에서는 〈일순간에/ 미련을 버리는 일이/ 무척이나 어렵고 힘든 일〉임을 확인한다. 그러나 감나무가 비움의 경지를 실천하듯이 자신도 〈일찌감치 그 어려움을 깨닫고/ 버리는 일에 익숙〉하고자 시심을 가꾼다.

3.

여규용 시인의 작품에 드리워져 있는 추억의 일단(一端), 그리고 그리움과 사랑의 대상에 대하여 몇몇 작품을 통하여 확인해 보았다. 어린 시절에 제천, 충주, 단양으로 거주지가 바뀌면서 성장하였기 때문인지 그는 정주성(定住性)에 특별한 의미를 두고 있는 듯하다. 물 위에 떠서 살아가는 '개구리밥'을 보면서도 머물러 사는 것에 가치를 둘 만큼 집요하다.

「파란 개구리밥 속에는」의 전반부는 정주하지 못하는 '개구리밥'의 속성을 노래한다. 〈한자리에 머물지 못하는/ 바람처럼/ 언제나 기다림도 없는/ 구름처럼/ 흘러가는 시간을 붙들어 둘 용기도 없는〉 삶의 양식을 비판적 시각으로 형상화한다. 그러나 후반부에서는 정착의 아름다운 가치를 노래한다. 〈무수동 우렁이 농장/ 파란 개구리밥 속에는/ 옹기종기 커가는 사랑/ 잠시 부는 바람에 미동도 없다/ 그래야지 그럼〉에서 바람에 떠다니지 않고 옹기종기 모여서 사랑을 가꾸는 것에 긍정적이다. 특히 〈그래야지 그럼〉에서 드러나는 긍정적 내면은 지나치리 만큼 정주성을 강조한다.

> 온기 없는 전봇대 위에
> 생기를 불어넣는다.
> 굵은 나뭇가지로 얼기설기 기초공사를 하고
> 촘촘히 이어지는 직선공법으로
> 둥근 안식처를 만든다.
> 보잘것없는 외관은 투박스럽지만
> 작은 나뭇가지로 단단하게
> 마른 풀잎으로 포근하게 꾸민
> 그들만의 보금자리는
> 이 세상 그 무엇보다도 행복한
> 따스함이 넘친다.
>
> —「세상 바라보기」 전문

여규용 시인은 까치가 집을 짓는 과정을 관찰하면서, 행복한 따스함을 찾아내는 혜안(慧眼)의 소유자이다. 이는 감나무 꼭대기에 매달린 홍시를 보면서도 감탄할 수 있는 시인이기에 가능한 일이다. 〈파란 가을 하늘 아래/ 높다란 감나무/ 거기 동그란 별이 하나 달렸다// 까르르 자지러지는 햇살이/ 쑥부쟁이 보랏빛 꽃잎을 달고/ 진한 흙 내음이 바람에 묻어 날 때/ 내 맘은/ 터질 듯한 홍시가 되었다.〉(「홍시」)고 노래하는 시인이다.

순수하고 아름다운 시심(詩心)은 '비움'에 의한 무욕(無慾)의 경지로 승화된다. 〈그런 의자이고 싶다/ 아직은 감당할 자신이 없지만/ 잠깐씩 쉬어갈 작은 여유로/ 누구에겐가 빈 의자가 되고 싶다〉(「빈 의자」)면서 자신의 내면을 작품에 투영한다. 이와 같이 허정(虛靜)의 경지를 지향하는 여규용 시인의 작품에 대한 여로(旅路)를 마치면서, 앞으로 그가 비워낸 서정의 공간에 채워갈 새로운 예술적 감성을 기대한다.

남겨진 사랑을 위하여

여규용 시집

발 행 일 | 2011년 12월 24일
지 은 이 | 여규용
발 행 인 | 李憲錫
발 행 처 | 오늘의문학사
출판등록 | 제55호(1993년 6월 23일)

주　　소 | 대전광역시 동구 삼성1동 125-6 한밭오피스텔 401호
전화번호 | (042)624-2980
팩시밀리 | (042)628-2983
홈페이지 | http://www.lito77.co.kr(홈페이지)
전자우편 | hs2980@hanmail.net

공 급 처 | 한국출판협동조합
주문전화 | (070)7119-1741~2
팩시밀리 | (031)944-8234~6

ISBN 978-89-5669-476-4
값 8,000원